Questions et défis coquins pour couple musulman

INTRODUCTION

Ce jeu s'adresse aux couples qui souhaitent mieux se connaître ou à ceux qui désirent se (re)découvrir et favoriser des relations plus harmonieuses, de façon ludique, innovante et sensuel.

L'islam et le sex

Comme pour tous les autres aspects de notre vie, l'Islam nous fournit toutes les informations nécessaires à la vie sexuelle de l'homme et de la femme.

La raison en est simple. L'Islam reconnaît la nature innée de l'homme et a ordonné des relations sexuelles pour le plaisir, et pas seulement pour la procréation.

Les désirs sexuels ne peuvent pas, et ne doivent pas être réprimés, mais plutôt réglés pour le bien-être de ce monde et de l'au-delà.

Si ces règles font l'objet d'attention et sont réalisées avec l'intention du plaisir et de la proximité d'Allah (subhanahu wa ta'ala) et en restant à l'écart du mal de Satan, elles comptent parmi les plus grandes des vertus.

CONSEILS

Avant les rapports sexuels :

Brossez-vous les dents pour éliminer les odeurs dans la bouche. De même, essayez de ne pas manger des aliments désagréables avant les rapports sexuels, comme les oignons et l'ail.

Assurez-vous que vous sentez bon – l'odeur la plus fraîche est celle après une douche et la pire odeur est celle de la sueur! les femmes en particulier sont sensibles à l'odorat.

Le khôl a été recommandé pour les femmes. Il est rapporté de l'Imam Al-Bāqir (as): "Mettre du collyre (kohl) autour des yeux donne une bonne odeur à la bouche, rend les cils forts et augmente le pouvoir des rapports sexuels."

.Après les rapports sexuels, il est impératif que Ghusl al-janabat soit pratiqué peu de temps après les rapports sexuels, et le plus tôt sera le mieux. Aussi, si l'on veut avoir des rapports sexuels plus d'une fois en une nuit, il est préférable qu'après chaque fois, ils effectuent Ghusl. Cependant, si cela n'est pas possible, il est recommandé de faire Wuḍū avant chaque acte.

EXPLICATION DU JEU

Les règles du jeu sont simples :

placez-vous l'un en face de l'autre, chacun votre tour
vous poser la question à votre partenaire, toutes les 6
questions, vous aurez droit à une action au choix, le but
est de se découvrir au travers des réponses et échanges
liés aux questions et actions

Vous avez la possibilité d'y jouer plusieurs fois et de choisir des actions différentes.

1

A quoi ressemble une soirée parfaite à deux ?

2

Les 3 valeurs que tu veux absolument transmettre à tes enfants ?

3

Si tu étais convaincu que je prenais une mauvaise décision, que ferais-tu ?

4

Quelle langue aimerais-tu apprendre ?

5

Quelle science religieuse aimerais-tu apprendre ?

6

Quelle partie de mon corps préfères-tu ?

ACTION 1

Rapproches-toi délicatement de ton/ta partenaire sans lui dire l'action et embrasse lui le cou sensuellement pendant environ 30 secondes?

OU

ACTION 1

Regarde ton/ta partenaire dans les yeux, en silence et embrasse le/la sur la bouche avec beaucoup de passion

7

Quel sport, que tu n'as jamais pratiqué, voudrais-tu essayer ?

8

Quelle est ta définition du mot romantique ?

9

Ton plus gros complexe ?

10

Quelle est la personne que tu admires le plus ? Pourquoi ?

11

Quelle est ta définition du mot responsable ?

12

Qu'est-ce qui te fait craquer chez moi ?

ACTION 2

Mets-toi derrière ton/ta partenaire et commence à lui faire un massage aux épaules et au dos avec un maximum de délicatesse et de douceur pendant 3 minutes sans dire un mot

OU

ACTION 2

Lèche le lob d'oreille de ton/ta partenaire avec une sensualité étonnante pendant 30 secondes

13

Cite-moi 3 qualités et 3 défauts qui te caractérisent !

14

Combien d'enfants aimerais-tu avoir ?

15

Quelle est ta plus grande peur dans une relation amoureuse ?

16

Quelle est la plus belle surprise que je pourrais te faire ?

17

Quel est ton week-end en amoureux idéal ?

18

Quelle est la chose la plus débile que tu aies faite ?

ACTION 3

Sans dire l'action, demande à ton/ta partenaire de mettre un bandeau sur sa tête, demande lui de s'allonger, tu vas maintenant lui caresser tout le corps (sur les vêtements), insiste bien sur les fesses et la poitrine, le tout en douceur et très lentement pendant 5 min

OU

ACTION 3

Demande à ton/ta partenaire d'enlever ton haut et ensuite demande lui de t'embrasser la poitrine minimum 1 min

19

Qu'est-ce qui t'attire en général chez un/e homme/femme ?

20

Quel est ton genre de films préférés ?

21

Quel est ton plat préféré ?

22

Dans quel pays musulmans aimerais-tu habiter ? Pourquoi ?

23

Quel est le trait de caractère le plus important pour toi ?

24

Quelle est la pire chose que tu aies mangé ?

ACTION 4

Éteignez les lumières ou fermez les volets et mettez-vous dans un noir complet.

Debout, entrelacez votre partenaire et frottez-vous contre vos parties intimes en vous embrassant chaleureusement pendant 3 min

OU

ACTION 4

Demande à ton/ta partenaire d'enlever ton haut et ensuite demande lui de t'embrasser la poitrine minimum 1 min

25

Par quel surnom aimerais-tu que je
t'appelles ?

26

Préfères tu le faire dans le noir ou
avec un peu de lumière ?

27

Aimes-tu la lecture ?
Si oui, quel est ton livre préféré ?

28

Quel nom donnerais-tu si nous avons un garçon ?

29

Tu est plus mer ou montagne ?

30

Quelle est la partie de ton corps qui tu complexes ?

ACTION 5

Déshabillez-vous mutuellement avec douceur et restez uniquement en sous-vêtements

OU

ACTION 5

Faites Pierre Feuille Ciseau, le premier arrivé à 3 points choisis qui se déshabille (en sous-vêtement)

31

Quel est ton film favori ?

32

Aimerais-tu avoir un animal de compagnie ? Si oui, lequel ?

33

Quel est ton plus grand regret ?

34

Quel est le défaut que tu détestes le plus chez moi ?

35

Quelles sont les qualités que tu préfères chez moi ?

36

Si nous étions enfermés pendant 3 heures dans un ascenseur, que ferions-nous?

ACTION 6

Mettez-vous en position du missionnaire et frottez-vous doucement pendant 2 min

OU

ACTION 6

Que Madame s'allonge sur le ventre et que Monsieur se frotte à elle pendant 2 min

37

Quelle activité préfères-tu faire avec moi ?

38

Quelle serait la chose la plus folle que tu serais prête à faire pour moi ?

39

5 petites choses du quotidien qui te rendent heureux(se) ?

40

Qu'est-ce qui t'attire le plus chez moi ?

41

Quelles sont les qualités que tu préfères chez moi ?

42

Une relation amoureuse doit-elle être passionnée, sauvage, routinière ?

ACTION 6

Embrasse langoureusement la poitrine de ton/ta partenaire pendant 2 min

OU

ACTION 6

Caresse les fesses de ton/ta partenaire pendant 1 min

43

Quelle est la plus grande force de notre couple ?

44

Au bout de combien de temps t'es tu rendu compte que tu étais amoureux(se) ?

45

Professionnellement, où te vois-tu dans 3 ans ?

46

Quelle est la chose la plus sexy chez moi ?

47

Quel est pour toi mon pire défaut ?

48

Décris-moi une seule phrase

ACTION 7

Enlevez mutuellement vos sous-vêtements

Tout le plaisir est pour vous !

Mettre la main sur le front de sa femme et réciter cette Dou3a avant chaque relation sexuelle

«Quand l'un de vous se rapproche de sa femme (pour les rapports) et dit: au nom d'Allah, Allah éloigne de nous le diable, et éloigne-le de ce que Tu nous accorderas (comme progéniture) Et si Allah leur accorde un enfant, le diable ne lui fera jamais aucun mal »   (Al-Bukhari).

"Au nom d'Allah, Allah éloigne de nous le diable, et éloigne-le de ce que Tu nous accorderas"

"بسم الله اللهم جنبنا الشيطان و جنب الشيطان ما رزقتنا"

Bismillah. Allahouma jannibna Sheitan wa jannibi Sheitana Ma Razaktana

VOUS SOUHAITEZ DES PETITS CADEAUX ?
DES CRITIQUES À NOUS FAIRE ?
ENVOYEZ NOUS UN EMAIL :

librairiemusulmane_edition@gmail.com

Edition Librairie Musulmane

librairie_musulmane

MERCI D'AVOIR ACHETÉ NOTRE LIVRE !

Si vous aimez ce livre, nous apprécierons votre avis sur Amazon.

Pour ce faire, rendez-vous sur la page Amazon de ce livre et cliquez sur "Ecrire mon avis"

MERCI BEAUCOUP !